Pedro Calderón de la Barca

La viña del Señor

Barcelona 2023
Linkgua-edición.com

Créditos

Título original: La viña del Señor.

© 2023, Red ediciones S.L.

e-mail: info@linkgua.com

Diseño de cubierta: Michel Mallard.

ISBN CM: 978-84-9007-771-9.
ISBN tapa dura: 978-84-1126-041-1.
ISBN ebook: 978-84-9953-271-4.

Sumario

Brevísima presentación

La vida

Pedro Calderón de la Barca (Madrid, 1600-Madrid, 1681). España.

Su padre era noble y escribano en el consejo de hacienda del rey. Se educó en el colegio imperial de los jesuitas y más tarde entró en las universidades de Alcalá y Salamanca, aunque no se sabe si llegó a graduarse.

Tuvo una juventud turbulenta. Incluso se le acusa de la muerte de algunos de sus enemigos. En 1621 se negó a ser sacerdote, y poco después, en 1623, empezó a escribir y estrenar obras de teatro. Escribió más de ciento veinte, otra docena larga en colaboración y alrededor de setenta autos sacramentales. Sus primeros estrenos fueron en corrales.

Lope de Vega elogió sus obras, pero en 1629 dejaron de ser amigos tras un extraño incidente: un hermano de Calderón fue agredido y, éste al perseguir al atacante, entró en un convento donde vivía como monja la hija de Lope. Nadie sabe qué pasó.

Entre 1635 y 1637, Calderón de la Barca fue nombrado caballero de la Orden de Santiago. Por entonces publicó veinticuatro comedias en dos volúmenes y *La vida es sueño* (1636), su obra más célebre. En la década siguiente vivió en Cataluña y, entre 1640 y 1642, combatió con las tropas castellanas. Sin embargo, su salud se quebrantó y abandonó la vida militar. Entre 1647 y 1649 la muerte de la reina y después la del príncipe heredero provocaron el cierre de los teatros, por lo que Calderón tuvo que limitarse a escribir autos sacramentales.

Calderón murió mientras trabajaba en una comedia dedicada a la reina María Luisa, mujer de Carlos II el Hechizado. Su hermano José, hombre pendenciero, fue uno de sus editores más fieles.

La viña del señor

Personajes

La Duda
Leví, villano
El Lucero
Rubén, villano
Abrahán, viejo
Batuel, viejo
Isaac
Celsa, villana
Eliazer
Teuca, villana
Simplicio, villano
Habra, villana
Lauro, villano
Rebeca, pastora
Adán
Músicos
David
Niño
Un Ángel
Niña

Acto único

Sale la Duda, como trayendo por fuerza tras sí al Lucero.

Lucero   ¿Adónde, Duda, me llevas?

Duda   No me admiro que te turbe,
siendo plenitud de ciencias
(que es lo mismo que querube)
en quien todavía es fuerza duren   5
reliquias de aquellas altas plenitudes,
ver que la duda te arrastre.

Lucero   Es verdad, porque yo pude
en aquella primer lid
en que comunero puse   10
los ejércitos en arma
de vicios y de virtudes,
perder gracia y hermosura;
la ciencia no, que la tuve
como dote natural   15
y así tras mí me la truje.
Conque, como has dicho, es fuerza que
    dude
ver que tú lugar en mi pecho ocupes,
siendo tú la Duda.

Duda   Pues
ya que una vez me introduje   20
en él, arrójame dél,
si de tan sabio presumes,

con responderme.

Lucero   Sí haré.
         ¿Qué me quieres?

Duda   Que me escuches.
         ¿Conoces aqueste monte   25
         a cuya eminente cumbre
         listada a volantes de sombras y luces,
         de hebreo tocado se sirven las nubes?

Lucero   De siete montes en quien
         quiso Jebús que se funde   30
         la Salén, ciudad de Dios,
         porque de dos nombres use
         —Salén y Jebús— el que
         Jebusalén la pronuncie,
         éste es Calvario, a quien   35
         en tradiciones comunes
         dio este blasón del cadáver
         de Adán la parte que ilustre
         cupo, como a mayorazgo,
         a Set; de donde se arguye   40
         (por ser de su calavera
         la tumba que le sepulte),
         el ser Calvario su nombre.

Duda   Pues ése que a escalar sube
         estrechando el viento con la pesadumbre 45
         de sus verdes pompas los campos azules,
         teatro hoy del mayor, más grave
         espectáculo que esculpe

en los cuadernos del tiempo
del tiempo el veloz volumen,   50
de mi razón de dudar
motivó las inquietudes
tanto que aun cuando no fuera
yo aquella pasión que infunde
en los ánimos discordias   55
siempre que a elegir acude,
pues a dos partes afecta
a ninguna se reduce,
sino la tranquila paz
del ánimo, que no sufre   60
cuestiones en la elección,
dudara el pavor que incluye.
Mira cuál será para que la apures,
duda, que aun certeza te hiciera que dudes.
Abrán (que «padre excelso»   65
la frase hebrea traduce;
y si pronuncia Abrahán
«padre de la muchedumbre»),
después que por obediencia
de su Dios se destituye   70
de casa y patria y saliendo
de Ur, ciudad de Caldea huya
a tierra de Canán, donde
tan peregrino discurre
que el vulgo de sus ganados,   75
que valles y montes cubre,
en ajenos lindes es fuerza que busque
prado que la paste, redil que la oculte;
en Sara, su anciana esposa
(de cuyo nombre se induce   80

misterio también, pues Sara
sin más letra se construye
«dominatriz» o «señora»;
y como Sarra articulen
se añade al «señora» ser   85
«señora de los perfumes»,
siendo el buen olor la fama
que al cielo en aromas sube),
tuvo un hijo, a quien, temiendo
que su deseo la burle,   90
llamó Isaac, que decir quiere
«risa», como que la anuncie
ser risa del siglo que en sus senectudes
conciba cuando era tiempo que caduque.
Este, pues, hermoso infante   95
en sus jóvenes costumbres,
ejemplo creció de todas
sus iguales juventudes
tanto, que al culto de Dios
atento, sin que disculpe   100
que en sus juegos Ismael
de unos idolillos use,
no lo recató de Sara.
Y viendo cuánto deslustre
la esclava sangre de Agar   105
la noble que en su hijo luce,
le delató ante su padre,
que oyó apenas que le acuse
de idólatra cuando al punto
de sí y de su casa lo excluye,   110
porque aun en los padres, como Dios se in-
  jurie,

no ha de haber amor que la fe no frustre.
Dejemos que, desterrado
Ismael, hacer procure
en los montes de Farán   115
bando aparte, donde usurpen
en sucesivas edades
—que aun el tiempo no destruye—,
su culto a Dios, agarenas
y ismaelitas inquietudes;   120
y vamos a que creciendo
Isaac manso, afable y dulce
hasta cinco lustros casi
—pues veinte y cuatro años cumple—,
le manda Dios a Abrahán   125
que en ese seno lugubre
del Monte de la Visión
(nombre que se le atribuye
por una señal del fuego
con que el sitio le descubre),   130
se le sacrifique, siendo
cuando él mismo lo ejecute
su mano la misma que el acero empuñe,
encienda la arista y la leña junte.
Bien presumirás tú agora   135
que solamente se funde
mi duda —como primera
razón que al discurso ocurre—
en que cómo puede ser
que a Abrahán Dios asegure   140
que tanto su descendencia
se propague y se fecunde
que de estrellas y de arena

exceda las multitudes,
por una parte; y por otra   145
la sentencia le promulgue
de que muera el hijo, en quien
esta esperanza se anule,
siendo así que a Dios nada hay que le in-
  mute
y siempre infalible su palabra cumple.   150
Pues no, no es esta la duda
que en mí dominante influye,
pues podrá con otros hijos
ver que esta falta le suple,
y aun con el mismo, que bien   155
cabe en su fe, cuando juzgue
aunque a una vida anochezca
el que a otra vida madrugue.
Tampoco es que, como padre,
ni replique ni se excuse   160
de ser él mismo el que haya
de cortar el disoluble
lazo de una vida que
tanto a la suya se une,
obligándose, después   165
que el monte de sangre inunde,
a asistir al holocausto
hasta que el fuego supure
el tierno cadáver que voraz consume
dejando que arda hasta que no ahúme.   170
Tampoco es que, caminando
tres días, no le pregunte
Isaac dónde va, hasta que
viendo el cuchillo y la lumbre:

«¿Qué es de la víctima —dice—   175
que sacrificar presumes?»
A que solo le responde
(procurando disimulen
las canas el llanto, si es
que hay nieve que nieve enjugue):   180
«Dios proveerá». No es tampoco
que cuando claro le escuche
que él la víctima ha de ser,
ni se asombre ni se asuste,
ni se estremezca, sino   185
que a la voluntad se ajuste
tanto del padre que, pronto,
sin que apele ni repugne,
ni el puñal resista ni el fuego rehúse.
¡Oh misterio, cuánto descubres y encubres!
  190
Y, asentado que obedezcan
iguales sus prontitudes
con tal fe que haya quien diga
que de la esperanza triunfe,
pasemos a una pequeña   195
circunstancia. No murmure
nadie, que a vista de tanto
sacro misterioso numen
una circunstancia me turbe y perturbe
tanto que ella sola mis sentidos ofusque. 200
Que obedezca Abrahán a Dios;
que Isaac a Abrahán no impugne,
vaya; que todo en la fe
cabe con que ambos acuden
a su obediencia, sin que   205

los motivos le disputen.
Que se prevenga Abrahán
(ya que a obedecer se ajuste)
de todos los ministerios
que al sacrificio consumen,   210
vaya también; pues llevar
el cuchillo acción es útil;
que aunque es verdad que en los montes
acero y hierro se funden,
no templadas las cuchillas   215
ni labradas las segures.
Que lleve al monte la llama
que prenda en la arista lumbre,
vaya; que el fuego en los montes
si no le encienden no luce.   220
Que se prevenga del lazo
con que las manos le añude,
porque en natural acción
el temor no le calumnie;
que en la defensa del cuello   225
la mano se le apresure,
vaya, que el cáñamo en yerba
las montañas le producen,
mas no hilado sin el torno
atormentado del yunque.   230
Que se prevenga de venda
que la luz del Sol le anuble,
porque no muera de tantas
veces cuantas tema y dude;
que ya la caduca mano   235
el blanco acero desnude
y abandone la obediencia

muriendo a la pesadumbre,
vaya; que el monte no da
del lino la servidumbre   240
si el arte no se le trama
o el telar no se le urde.
Y así vengo en que el llevar consulte
la venda, el acero, el dogal y la lumbre.
Pero que lleve la leña   245
al monte que la produce,
afligiendo desde luego
con carga para él inútil
al joven, que fatigado
la intrincada senda sube   250
dando de ojos con el peso
del haz que en el hombro sufre
es circunstancia que más
que la esencia me confunde.
¿Leña al monte, donde apenas   255
llegue cuando le tributen
la menos cortés encina,
el menos noble acebuche
las cortezas que despiden
o las hojas que sacuden?   260
Y cuando robustos troncos
a su edad se dificulten,
¿faltan las brozas que, secas,
yela el aire, el agua pudre,
para llevar prevención   265
de aquello que cuando cruce
de una a otra parte el cansado
joven le haga que trasude
viendo que en el pie le hiera

lo que en el hombro le angustie?   270
Pues cuando quieran las manos
que el peso a la espalda ayuden,
el tropiezo de los pies
es fuerza que le disguste,
y pies y manos padezcan   275
de entrambas leñas las cruces.
Y pues esta circunstancia
es la que me constituye
duda y duda sospechosa,
siendo preciso resulte   280
contra la fe de Abrahán
haciendo que él crea y yo dude,
sáquenme de ella tus ciencias
porque sepa, porque apure,
porque vea, porque alcance,   285
porque inquiera, porque escuche,
ya que es todo visos, rasgos y vislumbres,
cuándo destas sombras llegarán las luces.

Lucero   Duda que, mil veces Duda,
tanto pavor introduces   290
en mí, tanto horror engendras
y tanto escándalo infundes
que no sé qué te responda,
no me atormentes ni angusties;
no me sobresaltes, no   295
me aflijas y me atribules,
que yo te doy por vencidas
todas mis ciencias si arguyes
de tu razón de dudar
las que en mi pecho concurren.   300

Padre que dé al sacrificio
el hijo; hijo que se ajuste
a la voluntad del padre;
tizón que abrase y no alumbre
cordel que las manos ate;   305
cendal que la vista turbe;
leña que al hombro le enferme
y que al pie le desahucie,
son tantas cosas que aun yo,
con ser yo, no hay cómo apure   310
sus misterios. Y así, Duda,
no te admire, no te asuste
que en mares de ansias, golfos de inquie-
     tudes
mi ingenio zozobre, mi saber fluctúe.
Lo que más puedo ¡ay de mí!   315
hacer (pues con cuanto supe
no supe lo venidero
si no es que lo conjeture),
es asistir hasta el fin
a ese horror, por si descubre   320
en alguna circunstancia
mi ciencia alguna vislumbre
que de algo me advierta.

Duda   Pues
estas ramas nos oculten
desde donde ver podremos   325

a qué el acto se reduce.

Lucero   Ya junta la leña.

Duda   Ya el ara construye.

Lucero   Ya levanta el brazo.

Duda   Ya el golpe sacude.

(Ábrese el primer carro, que será una montaña, y vense en ella Isaac, vendados los ojos y atadas las manos, y Abrahán levantando el brazo con el cuchillo. Y a su tiempo sale del reverso del carro el Ángel en el aire, suspendiendo la acción, como ordinariamente se pinta.)

Abrahán	Señor, éste de fe y amor indicio...
Isaac	Este, Señor, de amor y fe traslado... 330
Abrahán	...como amor, ciego; y como fe, vendado...
Isaac	...como amor, pronto; y como fe, propicio...
Abrahán	...creyendo, aunque es dolor, que es beneficio...
Isaac	...y aunque rigor parezca, que es agrado...
Abrahán	...os ofrezco en púrpura bañado... 335
Isaac	...a vos, por vos, os doy en sacrificio...
Abrahán	...que cumpliréis vuestra palabra crea...
Isaac	...pues aunque en la esperanza haya mudanza...
Abrahán	...vuestro amor no es posible que no sea...
Isaac	...premiado, pues, en los dos la confianza... 340
Abrahán	...y vea mi fe...

Isaac	...y mi obediencia vea...
Los dos	...creer contra la esperanza a la esperanza.

(Sale el Ángel cantando.)

Ángel	Suspende el acero	
	que más vale, Abrahán,	
	el obedecer que el sacrificar.	345

(Dentro.)

Músicos	Suspende el acero,
	que más vale, Abrahán,
	el obedecer que el sacrificar.

Abrahán	Cielos, ¿qué miro y qué escucho?

Ángel	De Dios la inmensa piedad	350
	que acrisolar la fe tuya	
	y la obediencia de Isaac	
	solo ha querido, porque	
	se vea que en Dios es más...	

Ángel y Músicos	el obedecer que el sacrificar.	355

(Representando.)

Ángel	Basta el amago, suspende
	el golpe; y para señal
	de darse Dios por servido
	de que a tu hijo le das,

	porque imperfectos no queden	360
	ni sacrificio ni altar,	
	aquella res que en la zarza	
	que miras no acaso está,	
	la víctima sea que hoy	
	le sacrifiques. Verás	365
	que el mérito en la obediencia	
	consiste, y no en el caudal,	
	porque en Dios siempre es más...	

Ángel y Músicos   ...el obedecer que el sacrificar.

(Representando.)

Ángel   Y en premio desta fineza   370
                y esta fe, vuelve a afirmar
                que exceda tu sucesión
                a las arenas del mar
                y a las estrellas del cielo,
                de quien al mundo vendrá   375
                la salud del mundo cuando
                en más sucesiva edad
                cuaje el vellón el rocío
                y los montes el maná;
                y borrando Adán Segundo   380
                culpas del primer Adán
                vea el cielo en luz y sombra
                Primero y Segundo Isaac.
                Y en muestras deste favor,
                y en prendas desta verdad...   385

Él y Músicos   ...suspende el acero

que más vale, Abrahán,
el obedecer que el sacrificar.

(Desaparécese el Ángel.)

Abrahán   Oye, aguarda, escucha, espera,
               paraninfo celestial.   390
               ¡Oh, Señor, qué presto sabes
               hacer placer el pesar!
               Levanta, Isaac, y los brazos
               una y mil veces me da.

(Desátale la venda y lazo.)

Isaac   Pues, ¿qué es esto? ¿Por qué, padre,   395
               el bien me quieres quitar
               de ser víctima de Dios?

Abrahán   Porque sé que vale más
               el obedecer que el sacrificar.
               Ven adonde el holocausto   400
               hagamos, que en tu lugar
               sostituye el cielo, no
               sin gran misterio.

Isaac   ¿En qué está?

Abrahán   En que habiéndome Dios dado
               palabra de que vendrá   405
               de mí y de tu descendencia
               el arco al mundo de paz
               en la salud de su hijo,

	al verte sacrificar	
	y volver a nueva vida,	410
	poniéndose en tu lugar	
	cándida víctima, no	
	sé qué vislumbre me da	
	de que en otro sacrificio,	
	otra leña, otro altar,	415
	aunque la humanidad muera,	
	viva la divinidad.	

Isaac
　　Si tanto esplendor ilustra
　　tu espíritu, mal podrá
　　suplicarte mi obediencia　　　　420
　　que la alta felicidad
　　de morir sacrificado
　　no me niegues; y así habrá
　　de decir mi voz con todas:

Abrahán
　　Yo con ellas y las demás:　　　425

Los dos y Músicos
　　Suspende el acero
　　que más vale, Abrahán,
　　el obedecer que el sacrificar.

(Ciérrase el carro.)

Duda
　　¿Qué es esto? ¿Qué suspensión
　　te deja tan sin sentido?　　　　430

Lucero
　　No sé, no sé qué ilusión
　　trae que el Calvario haya sido
　　el Monte de la Visión

27

hoy para mí, pues en él
no sé qué me considero,   435
a cuyo letargo infiel,
a cuyo frenesí fiero
y a cuyo pasmo cruel,
ciego, absorto, helado y mudo
sé que creo y sé que dudo,   440
y qué dudo y creo no sé
víctima superior que
suplirla la inferior pudo;
vivir de una la piedad,
morir de otra la sincera   445
vida, ¿si será verdad
que aunque la humanidad muera
viva la divinidad?

Duda   ¿A quién, si la Duda fui,
              se lo preguntas?

Lucero   A ti.   450
              Que ya no eres tú —sospecho—
              la Duda, pues en mi pecho
              tú eres la que vive en mí.

Duda   Si tan iguales estamos
              que somos uno los dos,   455
              a este joven asistamos
              y en sus progresos veamos
              qué quiere decirnos Dios.

Lucero   Dices bien. Siempre a la mira
              de sus acciones andemos;   460

podrá ser que en él notemos
algo que templen sus iras
las dudas que padecemos.

Duda

¿Cómo podremos hacer
(pues en tierra de Canán   465
viven hoy, adonde dan
a la idolatría poder
los descendientes de Can)
que en ella le diese esposa
su padre? Porque si en ella   470
con idólatra desposa
sería fácil que amorosa
le prevaricase della.
Y una vez muera su fe
poco temor nos darán   475
sus descendientes, porque
siendo herederos de Can
(maldito hijo de Noé),
claro está que, comprehendidos
en aquella maldición,   480
dél no vendrá el prometido,
aunque desde Adán ha sido
prevista su sucesión.

Lucero

No sé, pero si ganamos
sus criados, podrá ser   485
que con ellos dispongamos
que alguna hermosa mujer
le propongan.

Duda

           Pues lleguemos

a vista de estos dos, que
al subir ellos miramos   490
de aquesa montaña al pie,
la plática trabaré.

(Salen Eliazer, de galán, y Simplicio, de villano.)

Simplicio   ¿Qué harán, Eliazer, los amos
tanto tiempo allá?

Eliazer   Simplicio,
quien sirve no ha de apurar   495
nada al dueño. Nuestro oficio
solo es ver, oír y callar.

Simplicio   Pues fuera lindo ejercicio
el servir, si solo fuera
que viera, oyera y callara.   500

Eliazer   Pues ¿qué más hacer esperas?

Simplicio   Murmurar; que no sirviera
yo si yo no murmurara
de mi amo. Porque ¿qué
desquite tiene un criado   505
que comiendo a su amo ve
muy despacio y muy sentado,
muy hambriento y muy en pie
estarse hecho un mentecato
quitando y poniendo el plato,   510
pagando el pesar del vello
sin comello ni bebello,

sin poder de allí a un rato
murmurarle si comió
poco o mucho, si bebió   515
más o menos? Y esto en todo
cuanto hace y no hace. De modo
que para mí, Eliazer, no
tiene otro premio el servir
que ser de todo testigos   520
para tener qué decir.

Duda   ¿Sabréisme decir, amigos,
                  si visteis perdida ir
                  una res que allí prendida
                  se me quedó en un zarzal?   525

Eliazer   No la hemos visto.

Simplicio   Sí tal;
                  yo he visto una res perdida.

Duda   ¿Dónde?

Simplicio   En vos.

Eliazer   Calla, animal,
                  no trabes conversación

con tal gente.

Simplicio	¿Quién lo quita?	530

Eliazer   ¿No ves que idólatras son?

Simplicio   ¿Y quién a una idolatrita
quita la idolatración,
y más tan bella, Eliazer?

Eliazer   Aparta. Aquí no ha llegado   535
cosa que hayáis menester.
Id en paz.

Lucero   Hasta el criado
da que dudar y temer.

Duda   ¿En qué?

Lucero   ¿Dijo «Eliazer»?

Duda   Sí.

Lucero   Pues no en vano de los dos   540

se retira.

Duda	¿Cómo así?	
Lucero	Como Eliazer es...	
Duda	¿Qué? Di.	

Lucero   «Favor y ayuda de Dios.»
Y así, Duda, por sin duda
ten que con éste perdamos   545
tiempo.

Duda   ¡Que tanto le acuda
Dios, que es su «favor y ayuda»
lo primero que encontramos!

Lucero   Pues no por eso has de ver
el que me doy por vencido.   550

Duda   No, que nuestro empleo ha de ser
la mujer que haya nacido
para ser de Isaac mujer.

(Vanse.)

Simplicio	Huyendo va tu rigor.	
Eliazer	Si es idólatra, ¿qué quieres?	555
Simplicio	¿Cuándo no ha sido el amor	

idólatra en las mujeres?

(Salen Abrahán y Isaac.)

Abrahán	¡Simplicio, Eliazer!
Eliazer	Señor.
Abrahán	¿Hemos tardado?
Simplicio	No y sí.

Abrahán   Sí y no, necio, ¿cómo así?   560

Simplicio   Sí por lo que habéis estado;
               no, porque hemos murmurado.

Abrahán   ¿De quién?

Simplicio   De Isaac y de ti.

Abrahán   No me espanto, que ambos damos
               hartas razones de qué.   565

Simplicio   Aunque acá no las sepamos,
               para murmurar, ¿ser amos
               no basta?

Eliazer   Seguro esté
               de mis lealtades tu amor;
               y que donde estoy, señor,   570
               no habrá la plática sido

esa.

Isaac	Ni otra en que haya habido el escrúpulo menor; que es un ángel Eliazer.

Abrahán   Ángel no, mas puede ser   575
           que tenga de ángel la fama
           quien «favor de Dios» se llama.

Simplicio Eso me huelgo saber
           por tenerle desde aquí
           por más que hombre.

Abrahán   Isaac.

Isaac   Señor.   580

Abrahán   Otra y mil veces en ti
           vuelvo a verme. Hoy en mi amor
           has nacido para mí.

Isaac   A tus pies me basta ver,
           que aunque no haya merecido   585
           víctima del cielo ser,
           en lo atado y lo rendido
           siempre lo he de parecer.

Abrahán   Levanta. Llega a mis brazos.

Isaac   Qué ajeno estaba, señor,   590

de verme en tan dulces lazos!

Abrahán   De Dios ha sido el favor.
¡Oh, amor, no abrevies los plazos
de mi vida, hasta que vea
en quién tal virtud se emplea!   595
Cansado del ejercicio
estarás; ve, y con Simplicio
te adelanta hasta la aldea
en ese bagaje en que
destos días el sustento   600
trujimos.

Simplicio   Señor, ¿por qué
pones nombres al jumento?
Jumento es, jumento fue
y jumento será quien
no lo creyere.

Isaac   No es bien   605
que repare yo mis daños;
mejor estará a tus años
el pequeño alivio. Ven,
que yo sirviéndote iré.

Abrahán   Eliazer y yo podremos   610
irnos más despacio a pie,
que hablar a solas tenemos.

Isaac   Porque no diga mi fe
que en todo no obedecí,

| | me adelanto. Ven, Simplicio. | 615 |

| Simplicio | Ya espera el jumento allí;
y pues que no hablo de vicio,
nadie lo entienda por sí. |

(Vanse.)

| Abrahán | Ya, Eliazer, solo he quedado
contigo. |

| Eliazer | Pues, ¿qué me quieres? | 620 |

| Abrahán | Que sepas la confianza
que hago de ti. Criado eres,
y más que criado, amigo;
y aun más que amigo si atiendes
que en las familias del noble | 625 |
| | son los que sirven tan fieles
sobre amigos y criados
unos humildes parientes,
pues les hace un mismo pan
que una misma sangre engendren. | 630 |

| Eliazer | Mucho me admiro de que
tan graves, tan prudentes
razones, mis siempre justas
obligaciones me acuerdes.
En tu casa me has criado; | 635 |
| | ni más padres ni más bienes
he conocido que a ti;
y supuesto que tú eres |

aquel Padre de Familias
(en quien Dios se nos refiere   640
cuando en humanos ejemplos
explicarse al hombre suele),
y me has criado, como he dicho,
¿por qué dudas que obediente
—pues me confirmó en tu gracia   645
tu amor— te obedezca siempre?
Y así, sin más prevenciones,
mandar absoluto puedes,
si ya el mandar con misterios
que mi ignorancia no entiende   650
no es despertar a los otros
que atiendan lo que contienen.

Abrahán   Dices bien. Y así a la letra
mi voz y mi afecto vuelven;
si hubiera misterio, allá   655
lo verá el que lo entendiere.
Yo, Eliazer, engendré un hijo...
Mas antes que te revele
de mi concepto el dictamen,
un juramento solemne   660
has de hacer, y porque sea
su culto más reverente

pon la mano en mi rodilla.

(Hinca la rodilla en el suelo, y sobre la otra pone Eliazer la mano, también de rodillas; y salen Duda y Lucero.)

Duda	Cielos, ¿qué homenaje es éste?

Lucero	Pues hemos de andar a mira	665
	de cuanto les acontece,	
	a esta rara ceremonia	
	asistamos.	

Duda	Pues atiende.

Abrahán	¿Juras por aquel Señor,	
	alto Dios omnipotente	670
	(que desta carne, esta sangre	
	sobre quien la mano tienes,	
	aquel divino rocío	
	de la salud de las gentes,	
	ha de conversarse humano),	675
	que cuanto aquí te dijere	
	has de obedecer?	

Eliazer	Sí juro.

Abrahán	Él te ayude si lo hicieres;

y si no, te lo demande.

Eliazer   Amén.

(Levántanse.)

Abrahán   Pues agora advierte.   680
Yo, Eliazer, engendré un hijo,
tan hijo acá de mi mente
según lo ajustado a mí
que me persuado mil veces
que yo y él y nuestro amor   685
somos uno solamente.
Sé de quien puedo saberlo
que dél el mundo previene
el esperado remedio
de aquel primero accidente   690
que inficionó en nuestros padres
a todos sus descendientes.
Y aunque es verdad que infalible
la promesa en él no puede
faltar —de que hoy, Eliazer,   695
no sé qué visos me ofrecen
nuevas prendas de su luz—,
con todo eso, porque llegue
más sin mancha, más sin sombra
que la enturbie aún el más breve   700
rasgo suyo, de mi parte
le he de hacer cuanto pudiere
para darle esposa que
la alba, que aljófares vierte;
la aurora, que perlas llora;   705

el Sol, que rayos espende
no puedan decir que fueron
más puros, más transparentes
viendo que alba, aurora y Sol
compite, iguala y excede   710
en candor, lustre y pureza
su luz, su albor y su nieve.

Duda   ¿Oyes?

Lucero   Sí, porque al oírlo
dudas y dudas aumentes.

Abrahán   Y siendo así que, a obediencia   715
de Dios, peregrino a verme
llego en tierra de Canán,
donde sus cultos le ofenden,
pues en la imagen de Belo
hizo un torpe amor que empiece   720
la idolatría, que a tanto
vil simulacro se extiende,
adorando en Baal el leño
frágil; en Baalín, el débil
barro; en Astarot, el duro   725
bronce; y en Moloc, el fuerte
hierro; en Dagón, oro y plata...
¡Oh ignorancia lo que puedes!
Pues no echas de ver que tú
más dios que tus dioses eres,   730
pues tú misma te los labras
de qué y cómo y cuando quieres.
En fin, viviendo hoy a vista

de tanto, tan indecente,
tan torpe y abominable   735
sacrílego inconveniente,
no quisiera ver mezclada
mi sangre con estas gentes,
sino que mi descendencia
de mi misma línea fuese,   740
de mi fe y mi religión.
Yo tengo, Eliazer, parientes
en Mesopotamia, que
de Sen, como yo, descienden
mayorazgo de Noé,   745
no de Caín, hijo rebelde
como éstos que hoy en Canán
la Ley Natural pervierten.
Nacor, de Taré, mi padre,
hijo (de quien la eminente   750
ciudad de Nacor tomó
el nombre que la engrandece),
hijos tuvo, y por mayor
a Batuel; y aunque déste
ni otros, por mi ausencia, no   755
sé que vivan, sé que puede
su fama darte noticias
de quién son sus descendientes.
Y así, hoy en Mesopotamia
con las joyas que te diere,   760
—galas, criados y camellos—,
has de ir, llevando poderes
para dar esposa a Isaac.
Mira si es justo que aprecies
la elección, pues desde luego   765

acepto la que trujeres;
que claro está que un criado
noble, sagaz y prudente,
por su misma estimación
traerá señora que llegue   770
él mismo a hacer vanidad
de servirla; que no tiene
el que obedece más lustre
que el dueño a quien obedece.

Eliazer   Agradecido, señor,   775
a tal honra, una y mil veces,
beso tus pies; y una y mil
revalido firmemente
el juramento, y que no
traiga esposa en quien hubiere   780
no digo idólatra mancha,
pero la menor, más leve
nota de inficción alguna;
y tanto que...

Abrahán   No, no tienes
que asegurarlo: tu nombre   785
lo asegura.

Eliazer   ¿De qué suerte?

Abrahán   «Favor de Dios» significa;
y aunque el favor de Dios siempre

	asiste a todo, no dudo…	
Eliazer	¿Qué?	
Abrahán	…que asiste especialmente a esto de elegir esposa; que han menester las mujeres un favor particular de Dios para que se acierte.	790

(Vanse los dos.)

Lucero	Ya la esperanza de que con idólatra se mezcle se nos ha perdido, Duda.	795
Duda	Pues no por aqueso cesen nuestras calumnias, que yo, del aire hija, velozmente llegaré antes a Nacor, donde cuando Eliazer llegue, en casa de Batuel introducida me encuentre hasta ver qué nos declaran estas sombras.	800 805
Lucero	Pues entiende, si vas adelante, Duda,	

que hay más de las que parecen.

Duda   ¿Cómo?

Lucero   En la casa del padre

	sin padres...	
Duda	¿Qué te suspende?	810
Lucero	...criado Eliazer...	
Duda	¿Qué te turba?	
Lucero	...y en su gracia...	
Duda	¿Qué enmudeces?	
Lucero	...confirmado.	
Duda	¿Qué te asombra?	
Lucero	¿No le envía...	
Duda	¿Qué te ofende?	
Lucero	...a buscar...	
Duda	¿De qué te aflijes?	815
Lucero	...esposa...	
Duda	¿Qué te entristece?	
Lucero	...para su hijo...	
Duda	¿Qué dudas?	

Lucero   ...después que le hizo...

Duda   ¿Qué temes?

Lucero   ...jurar en sí...

Duda   ¿Qué te pasma?

Lucero   ...que es como...

Duda   ¿Qué te estremece?   820

Lucero   ...jurar por su sucesión?

Duda   Sí, pero deso ¿qué infieres?

Lucero   No sé, no sé. Ve tú, Duda,
              pues en lo que en sí contiene
              esa embajada, a mí solo   825
              el dudar se me concede,
              que tú quizá lo verás.

Duda   Hasta que viéndolo deje
              de ser duda, tiemble y dude...

Lucero   Yo, aun viéndolo, dude y tiemble...   830

Duda   ...porque con eso se apague
              el fuego que en mí se enciende.

Lucero   ...y porque con eso en mí

	el encendido se aumente.	
Duda	Y así, hasta entonces...	
Lucero	Y así,	835
	hasta entonces, y ahora y siempre...	
Duda	...vea y calle,...	
Lucero	...arda y padezca...	
Los dos	...sienta, sufra, gima y pene.	
Coro I y Músicos	Al esquilmo, al esquilmo, zagalas,	
	a ver maridajes de nieve y de plata.	840

(Dentro grita y instrumentos de pastores. Y salen cantando y bailando Celfa, Teuca y Habra, villanos; Rubén, Leví y Lauro, pastores. Y detrás, Batuel, viejo venerable, de mayoral y Rebeca, de pastora.)

Coro II	A la siega, a la siega, zagales,	
	de púrpura y oro a ver maridajes.	
Coro I	Pues sobre el vellón veréis cómo cuaja	
	su aljófar la aurora, sus perlas el alba.	
Coro II	Pues sobre la mies veréis cómo esparce.	845
Coro I	Y todo porque se goce en Rebeca.	
Coro II	Y todo porque en Rebeca se goce	

la plata, la nieve, la aljófar y perlas;
sus frutos la tierra, sus flores el aire,
la púrpura, el oro, el fruto y las flores.   850

Ambos y coro   Y todo porque se goce en Rebeca
la plata, la nieve, la aljófar y perlas.

Leví   Pardiez, Batuel, que el día
que con Rebeca a estos prados
a ver mieses y ganados   855
venís, es tal la alegría
de todos sus moradores
que dejando las cabañas
descienden de las montañas
a coronarla de flores.   860

Batuel   Guárdeos, amigos, el cielo.

Rebeca   Y a mí razones me dé
para agradecer la fe
y amor con que vuestro celo
me festeja, sin que en mí   865
haya más superior muestra
que ser una amiga vuestra.

Celfa   No digas tal, que hay en ti
sola excelencias más bellas
que hay en todas.

Lauro   Y no ha sido   870
tanto haberlas vos tenido

cuanto confesarlo ellas.

Teuca   ¿Por qué, necio?

Lauro   Porque no
           se vio mujer que, envidiosa,
           confiese que otra es hermosa.   875

Habra   Porque veas tu error, yo
           tengo de ser la primera
           que desta florida falda
           para hacerla una guirnalda
           desnude la primavera.   880

(Va cogiendo algunas flores y tejiendo una guirnalda con las
que le van ofreciendo.)

Rubén   Para que yo tenga parte
           en ella, pon de la mía
           esta flor con quien el día
           su primer albor reparte.

Habra   ¿Qué flor es?

Rubén   De Jericó,   885

	de varias virtudes llena.	
Teuca	De la mía esta azucena.	
Leví	Y añada este lirio yo.	
Celfa	Yo, esta vara de Jesé.	
Lauro	Yo, por más bella y hermosa, la púrpura desta rosa.	890
Músico I	Yo este jazmín te daré, símbolo de la pureza.	
Músico II	Yo, este dorado alhelí de los campos de Engadí.	895
Habra	Dignos son de su belleza primores a quien humilla el Sol su luz. ¿Tú no das flor?	
Batuel	De mi parte pondrás, Habra, aquesta maravilla.	900
Habra	Yo, para tejerla, hojas será justo que aperciba de palma, cedro y oliva,	

moradas, verdes y rojas,

(Muestra hecha la guirnalda, y llega a ofrecérsela.)

con que ya nuevo iris fue   905
que listó el alba serena,
flor de Jericó, azucena,
lirio y vara de Jesé,
alhelí, jazmín y rosa,
maravilla, cedro, palma,   910
y oliva, con vida y alma
te ofrecen, Rebeca hermosa,
estos prados; y no en vano,
pues su amenidad fecunda
bien en ti sus copias funda;   915
y así diga el aire ufano:

(Canta.)	Rebeca, estas flores bellas...
Músicos	Rebeca, estas flores bellas...
Habra	...que te dan nuestros amores,...
Músicos	...que te dan nuestros amores,... 920
Habra	...siendo en nuestro prado flores,...
Músicos	...siendo en nuestro prado flores,...
Habra	...serán en tu cielo estrellas.
Músicos	...serán en tu cielo estrellas.

(Pónenla la guirnalda.)

Rebeca	Yo las acepto corrida 925 de tan altos intereses, que el ser vosotros corteses no es ser yo desvanecida.
Batuel	Ya que tanto vuestro amor la honra, su virtud laureando, 930 venid cantando y bailando.
Todos	Norabuena.
Rebeca	Yo, porque hasta volver a Nacor no penséis que me prefiera,

	hoy con todas la primera	935
	en vuestro baile entraré.	
Habra	Si en nuestra humana fortuna,	
	Rebeca, a entrar te acomodas,	
	pareciendo como todas	
	lucirás como ninguna.	940
Teuca	Con todos, sin confianzas,	
	entra en el baile.	
Batuel	Atención,	
	que quizá mudanzas son	
	misteriosas sus mudanzas.	
Músicos	Al esquilmo, al esquilmo, zagalas,	945
	a ver maridajes de nieve y de plata.	

(Bailando, caen Rubén y Celfa.)

Celfa y Rubén	¡Ay de mí!	
Batuel	¿Qué ha sido?	
Rubén	En un hoyo aquí escondido	
	Celfa y yo hemos caído.	
Todos	No cese el baile por eso.	950
Músicos	A la siega, a la siega, zagales,	

de púrpura y oro a ver maridajes.

(Bailan, y caen Leví y Habra.)

Leví   Yo también, aunque me pese,
                caí.

Habra   Y yo tras ti.

Batuel   No entiendo
                qué es el ir todos cayendo.   955

Todos   No por eso el baile cese.

Músicos   Pues sobre el vellón veréis cómo cuaja
                su aljófar la aurora, sus perlas el alba.

(Caen Lauro y Teuca.)

Lauro   En el baile de la vida
                nadie diga no cayó.   960

Teuca   Yo también caí, pero no
                por eso el baile se impida.

Músicos   Pues sobre la mies veréis cómo esparce
                sus frutos la tierra, sus flores el aire.
                Y todo porque se goce en Rebeca   965

la plata, la nieve, aljófar y perlas.

(Sale la Duda como acechando.)

Duda   Y todo porque se goce en Rebeca
                la plata, la nieve, aljófar y perlas.
                ¿Qué privilegiados modos
                en Rebeca pueden ser   970
                cuando yo la llego a ver
                igual en el baile a todos?

Músicos   Y todo porque en Rebeca se goce...

(Va a caer Rebeca y da en brazos de la Duda.)

Rebeca   ¡Favor, cielos!

Batuel   ¡Qué temores!
                ¿Ha caído Rebeca?

Duda   No,   975
                que como a tenerla acuda
                solo tropezó en la Duda
                de si cayó o no cayó.

Batuel   ¿Y quién eres tú, zagala,
                que a aquese tiempo llegaste?   980

Duda   Para conocerme baste
                ver que ninguna me iguala
                en los deseos de ser

	la que más te haya servido.	
Batuel	Y te estoy agradecido.	985
	De cuanto hayas menester	
	que te soy deudor confieso.	
Todos	Aunque nuestra ama haya sido	
	la que sola no ha caído,	
	no cese el baile por eso.	990
Músicos	Al esquilmo, al esquilmo, zagales,	
	a ver maridajes de nieve y de plata.	

(Éntranse todos cantando y bailando.)

Duda	¡Ay infelice de mí!	
	¿Dónde irán mis esperanzas	
	si donde la duda intenta	995
	saberlas es ignorarlas?	
	Por templar las ansias mías	
	consultar quise las altas	
	ciencias del Lucero, y no	
	tan solo templó mis ansias,	1000
	mas las encendió de suerte	
	que a mayor número pasan	
	del que padeció en aquella	
	primer duda mi ignorancia.	
	Dígalo que de una en otra	1005
	tanto una de otra se enlazan	
	que más que dejé en Canán	
	encuentro en Mesopotamia.	
	¿Qué mujer es ésta, cielos,	

a quien todo el valle aclama,   1010
por su gracia y su hermosura
llena de hermosura y gracia?
Su nombre en idioma hebreo,
pues que Rebeca se llama,
«fecundidad» significa;   1015
a que el de su padre añada,
Batuel, «filiación de Dios»,
con que ambos juntos declaran
«hija de Dios» y «fecunda
madre»; y esto donde tratan   1020
hallar para Isaac esposa.
Montes, valles, golfos, playas,
cielos, Sol, Luna y estrellas,
fieras, peces, aves, plantas,
aire, agua, tierra y fuego,   1025
para una deuda que falta
atención os pido: ¿cómo
si lo que más sobresalta
al Lucero es pensar que
todas las sombras pasadas   1030
son en orden a que venga
(según aquella palabra
tantas veces repetida)
la salud que el mundo aguarda,
y ésta ha de nacer de madre   1035
virgen, le asombran y espantan
señas de esposa fecunda
y no las de madre intacta
en la señas de Rebeca?
Mas ¡ay!, que las sombras pasan   1040
como sombras, y que de

un rasgo, un viso, les basta
para que dude la Duda
en qué ha de fundarse...

Eliazer (Dentro.)   En nada
discurras...

Duda   ¿Qué es lo que escucho?   1045

Eliazer (Dentro.) ...hasta que sepas la causa.

Duda   ¿Qué oráculo es éste, cielos?

Eliazer (Dentro.) Y así, al pie desta montaña
y a la vista de Nacor,
que alto los camellos hagan   1050
di a Simplicio.

Simplicio (Dentro.)   ¿Para qué?
Tú que se lo digas basta,
pues es tan bestia un camello
que hará lo que tú le mandas.

Duda   ¿Acaso fue que éste es   1055
Eliazer? Aquí doblada
quede al discurso la hoja
hasta otra ocasión. ¡Oh claras
luces, doleos de mí,
y llegue a figuras tantas   1060
lo figurado, porque

la Duda de dudas salga!

(Vase. Y salen Eliazer y Simplicio.)

Eliazer	Aquí, en tanto que declina
	el Sol, podremos sus señas
	templar al pie destas peñas 1065
	defendidas de sus plantas.

Simplicio   ¿Y es toda la causa ésa
con que al fin de una jornada
tan penosa te detienes
a vista de la posada?   1070
¿No es mejor, pues que tan cerca
está la ciudad, que vayas
a descansar de una vez?

Eliazer   No, que de la tropa faltan
algunos, que se han quedado   1075
atrás; y quiero a la entrada
de Nacor que vamos juntos,
que el séquito es circunstancia
tal vez a la estimación.
Mira tú si acaso hay agua   1080
por aquí, que traigo sed.

Simplicio   Yo también; y aunque buscarla
quiera, no sé si sabré,
que es acción para mí extraña
buscar agua; mas con todo   1085
iré a ver si alguna clara

fuente me dice: bébeme.

Eliazer   Señor, Abrahán me manda
           que le lleve a Isaac esposa
           no solo digna de su fama,   1090
           su sangre, fe y religión,
           pero aún digna a la esperanza,
           a la palabra que vos
           le habéis dado. A mí me encarga
           esta elección, y sin vos   1095
           ¿cómo podré yo acertarla,
           pues si vos no lo dais todo
           yo por mí no valgo nada?
           A vista estoy de Nacor
           donde entrar no quise hasta   1100
           hablar primero con vos.
           Aquí la ilustre prosapia
           de Sen descendiente habita:
           dadme señal que me haga
           capaz de mejor empleo;   1105
           y en fe desta confianza,
           dame luz. Pero ¿qué es esto?
           ¿Cuando os pido luz, me asaltan
           sombras del sueño? ¿De cuándo
           acá, Señor, vuestra gracia   1110
           dio piedras a quien pidió
           pan? Mas, ¡ay!, que es ignorancia
           pensar que vos no dais siempre
           lo mejor. Y cuando haya
           sequedad en vos, será   1115
           por estar en mí la falta.
           Vos sois vos, y yo soy yo;

medid la inmensa distancia
y pues pedí luz, y dais
sombras, quizá esas me bastan.   1120

(Recuéstase en el suelo; y en el carro que en sus cuatro facha-
das tendrá cuatro nichos, aparece en el primero el Ángel. Y
dando vuelta, aparece en el segundo Adán, vestido de pieles.
En el tercero Abel, de zagal, con su sacrificio de un cordero.
Y en el cuarto David con su arpa y corona; cantando cada
uno los versos que le tocan a su tiempo.)

Ángel (Canta.)   Atiende, Eliazer, a mi voz.

Eliazer   ¿Quién me nombra,
                      equivocando la luz y la sombra?

Ángel (Canta.)   Quien viene a advertirte la suma impor-
                         tancia
                      que incluye el misterio de las bodas que
                         tratas.
                      Esposa para Isaac buscas,   1125
                      de cuya progenie clara
                      Segundo Isaac la infinita
                      deuda de Adán satisfaga.
                      Y para que te enternezcan
                      las voces con que le llama   1130
                      oye, advirtiendo que el llanto
                      es para Dios consonancia.

(Da vuelta, y aparece Adán.)

Adán (Canta.)   Pequé, Señor; y pues mi ser no basta

a restaurar mi ser, Tú le restaura.
Infinita fue mi culpa   1135
y así es forzoso que haya
satisfacción infinita;
y pues yo no puedo darla,
lluevan las nubes al justo;
dé sus rocíos el alba;   1140
y para que al salvador
produzga, la tierra se abra.

Él y Músicos   Pequé, Señor; y pues mi ser no basta
                 a restaurar mi ser, Tú le restaura.

(Da vuelta, y aparece Abel.)

Abel (Canta.)   Señor, mi voz en púrpura bañada,   1145
                 invoca tu piedad, no tu venganza.
                 De Abel, que como cabeza
                 de predestinados te habla,
                 escucha en música el eco
                 con que llora lo que canta.   1150
                 Por tu salud salvador
                 es el nombre que te ensalza.
                 ¿Qué menor memorial puede
                 dar a tu fe mi esperanza?
                 Y pues tu hijo ha de ser   1155
                 la salud que el mundo aguarda,
                 danos, Señor, a tu hijo,
                 a cuya piadosa instancia...

Él y Músicos   ...mi voz, Señor, en púrpura bañada,

invoca tu piedad, no tu venganza.   1160

(Da vuelta, y aparece David.)

David   De Abrahán, Isaac y David
               será tu noble prosapia;
               y pues de ellos oíste el llanto,
               oye de David el arpa.
(Canta.)   Señor, que desde el trono de las alas   1165
               del querubín a Israel riges y mandas,
               descienda tu gran poder
               y ven adonde nos hagas
               salvos. Muéstranos, Señor,
               tu faz dulce, afable y mansa.   1170
               Dios eres de las virtudes:
               convierte nuestra desgracia
               en virtud tuya; y de nuestra
               común infición nos salva.

Él y Músicos   Señor, que desde el trono de las alas   1175
               del querubín a Israel riges y mandas.

(Dan vuelta los cuatro sin pararse, pasando cada uno con sus
versos, cantando con toda la Música.)

Los cuatro
y Músicos   Atiende, Eliazer, a la suma importancia
               que incluye el misterio de las bodas que
                 tratas.

Ángel   La señal que al cielo pides

	será en aquestas montañas...	1180
Adán	...la serrana que halles más liberal, piadosa y franca.	
Abel	Que así conviene que sea aún la sombra de quien nazcan...	
David	...luz de luz, y Dios de Dios, al mundo sus esperanzas.	1185
Los cuatro y Músicos	Atiende, Eliazer, a la suma importancia que incluye el misterio de las bodas que tratas.	

(Con esta repetición se cierran las apariencias.)

Eliazer	Rara visión misteriosa oye, espera, escucha aguarda.	1190
Simplicio (Sale.)	¿Qué es esto? ¿Con quién das voces?	
Eliazer	Yo con nadie. ¡Oh soberana visión! Mas disimular es preciso. ¿Traes el agua?	
Simplicio	No, señor, que en toda esta tierra de Nacor no se halla sino solamente un pozo que está no corta distancia de la ciudad; y no habiendo	1195

con que yo pueda sacarla,   1200
mal traerla puedo. Pero
al caer el Sol serranas
dicen que por agua vienen,
y como tú al pozo vayas
—pues ya es hora que el Sol trueque   1205
sus luces a sombras pardas—
ellas darán a tu sed
alivio.

Eliazer   A qué parte caiga
no sé.

Simplicio   Yo tampoco, que esto
un villano que pasaba   1210
me dijo. Mas oye, espera...

Eliazer   ¿Qué es?

Simplicio   ...que parece que cantan.

(Salen cantando, cada un Teuca, Habra, Celfa y Rebeca, trayendo las tres sus cantaricos con diversas flores; y Rebeca
con solas azucenas. Habrá en un carro un brocal de pozo,
con su carrillo y cuerda.)

Habra (Sale.)   A estas horas al pozo mi amor me saca.
                  ¿Quién ha visto del fuego tercera al agua?

Celfa (Sale.)   Si me llevan mis celos por agua al pozo,1215

¿de qué sirve que sean fuentes mis ojos?

| Teuca (Canta.) | Aunque voy al pozo no voy por agua, |
| | porque son del viento mis esperanzas. |

Rebeca (Canta.)	Porque no pueda decir
	nadie que humildad me falta	1220
	ni que me excepto de hacer
	lo que las demás zagalas,
	con ellas iré.

| Eliazer | Tras ellas |
| | ven, que al pozo es fuerza vayan. |

| Rebeca (Canta.) | Con el Sol y el aire perdí mi color; | 1225 |
| | hácenlo de envidia el aire y el Sol. |

(Las cuatro cantando.)

Cantarico que vas a la fuente,
no te me quiebres, que no te me quiebres;
porque lloraré, lloraré si me faltas
y tristes los dos volveremos a casa: 1230
tú sin el agua y yo con el agua.

(Corre Habra y toma la cuerda.)

| Habra | Yo he llegado la primera, |
| | y así la primera... |

| Teuca | Aguarda, |
| | que viene Rebeca allí |

	y el lugar debemos darla.	1235

Celfa   Llega, Rebeca.

Rebeca   No, amigas,
         no alteréis la antigua usanza
         de que antes llene quien antes
         llegue; que no sé que haya
         privilegio en mí. El pasado   1240
         festín que me hicisteis basta.
         Yo he llegado la postrera.

Teuca   ¿Qué importa si en ti se rasga
         la ley general de todas?

(Sale la Duda.)

Duda   ¿Qué importa, si en ti se rasga   1245
         la ley general de todas?
         No hay acción, voz o palabra
         que, si la reparo, nueva
         duda a la Duda no traiga.

Rebeca   Nadie me ha de preferir   1250
         en humildad. Y así, vayan

llenando como vinieron.

Habra	Yo lo haré, pues tú lo mandas.

Teuca	Todas te obedeceremos.

Celfa   Y presto, al ver que tú aguardas.   1255

Eliazer   Zagala hermosa, un cansado
peregrino, a quien el ansia
de la sed aflige, os ruega
que le deis un poco de agua.

(Retirada la Duda, llega Habra al pozo; hace como que saca agua, y, al irse, pasa por delante de Eliazer; y así las demás.)

Habra   Veis la prisa que hay, y que   1260
si os la doy es fuerza que haga
otro camino. Dejadme
pasar.

Eliazer   Ved.

Habra   No he de oiros nada;
y si el divertiros vuestra sed causa
(Canta.)   ¿quién ha visto del fuego tercera al agua?1265

(Vase.)

Simplicio   Esta es por quien se dijo,
pues las orejas se tapa
y no da agua, que no vale

sus orejas llenas de agua.

Eliazer (A Celfa.)	Decid vos, zagala bella,	1270
	si en vos más piedad se halla,	
	¿queréis darme de beber?	

Celfa	Eso me parece gana
	de conversación. Id, pues,
	norabuena.

Simplicio	Noramala	1275
	esperé yo.	

Eliazer	No es, por Dios,
	sino...

Celfa	Eso también me agravia,
	que si el verme no templa vuestros enojos
(Canta.)	¿de qué sirve que sean fuentes mis ojos?

(Vase.)

Eliazer (A Teuca.)	Beldad deste valle hermosa,	1280
	compadézcaos la tirana	
	sed de un triste pasajero.	

Teuca	Ahí está el pozo; templadla	
	en él, que es corta vasija	
	aquesta para sed tanta.	1285
	Y con agua no puedo serviros en nada	

(Canta.)	porque son del viento mis esperanzas.
(Vase.)	
Duda	Solo Rebeca ha quedado,
	sin que en ninguna de cuantas
	pasaron primero que ella 1290
	remedio hallasen sus ansias.
	¡Oh, si ella también con todas
	pasase sin remediarlas!
Eliazer	Rara hermosura, Simplicio.
Simplicio	Y tan bellamente rara 1295
	que con no entender de hermosas
	los mentecatos, me pasma.
Eliazer	No sé cómo a hablarla llegue,
	según el temor me causa
	su reverencial respeto, 1300
	si no es postrado a sus plantas.
Duda	Aquí de mis atenciones,
	que, aunque es la hora que el Sol baja,
	bien veré, pues veo que en serlo
	aun hay también circunstancia, 1305
	pues hasta el anochecer
	tiene hoy privilegio de alba.

(Llega con humillación.)

Eliazer	Divina beldad, en quien

sola estriba mi esperanza,
pues favor ninguno alcanza   1310
en cuantas pasar se ven
delante de ti, que den
alivio a mi sed, intento
hoy tus piedades, atento
a que obra, puesto a tus pies,   1315
de misericordia es
dar de beber al sediento.

(De rodillas.)

Y no en vano hallar abrigo
en ti espera mi desgracia
pues muestras, llena de gracia...   1320

Músicos (Dentro.) Llena de gracia.

Rebeca   ¿Qué?

Eliazer   ...que el Señor es contigo.

Músicos (Dentro.) El Señor es contigo.

Duda   En vano a entender me obligo
             ni plática ni canción.   1325

Rebeca   Joven, cuya voz y acción
             turbar me han hecho (porque
             nunca hasta agora escuché
             tan nueva salutación):
             gracia el agua es; si ésta quieres, 1330

toma.

(Dale el cantarillo.)

Eliazer	Pues que la negaron las mujeres que pasaron y tú la das, bendita eres...	
Músicos	Bendita eres...	
Eliazer	...entre todas las mujeres.	1335
Músicos	...entre todas las mujeres.	
Eliazer	Y aun cesando mi discordia, bendito con tal concordia será el fruto de tu vientre.	
Músicos	Será el fruto de tu vientre.	1340
Eliazer	Pues quiere Dios que te encuentre madre de misericordia.	
Músicos	Madre de misericordia.	

(Bebe, y vuelve a poner las azucenas en la jarra, y déjala en el suelo entre los dos.)

| Eliazer | En tu gracia y hermosura
dulzura los ojos vieron,
vida los ojos tuvieron,
luego fue en su nieve pura | 1345 |

	tu piedad, vida y dulzura.	
Músicos	Vida y dulzura.	
Eliazer	Siendo como en primer muestra	1350
	tu liberalidad maestra	
	no solo esperanza mía,	
	pero hablando en compañía	
	del mundo, esperanza nuestra.	
Músicos	Esperanza nuestra.	1355
Duda	La gracia que en nadie halló	
	el sediento peregrino	
	a hallarla en el barro vino	
	de agua que Rebeca dio.	
	Gracia, agua y barro, ¿quién vio	1360
	igual enigma? Él, «Ayuda	
	de Dios»; «fecunda», ella. Muda	
	de aquí huya, que ¡ay de mí!,	
	no está bien la duda aquí,	
	que aquí no puede haber duda.	1365

(Vase.)

Rebeca	Otra vez, joven no sé	
	qué responderte turbada;	
	mas el agua es, como dije,	
	en quien se explica la gracia	
	(pues en agua podrá ser	1370
	que algún día se reparta),	
	no solo a ti alcance, pero	

a todos los demás. Llama
a tus compañeros: beban.
Y porque veas que alcanza   1375
mi piedad no solo a toda
la naturaleza humana,
pero aun a la universal,
de aquí no he de faltar hasta
que bagajes y camellos   1380
beban, agotando el agua
a ese pozo.

(Toma el cantarillo.)

Eliazer   No podrás,
que si te sirve al sacarla
su cristal de no manchado
espejo, con dicha tanta   1385
crecerán sus manantiales
tanto, que perenne le hagan
por ti pozo de aguas vivas.

Simplicio   Bien aquí el adagio encaja
de dar el gozo en el pozo.   1390

(A Simplicio. Y él se va.)

Rebeca   ¿Qué esperas? Tus gentes llama,
que allí las pilas están
donde su sed satisfagan.
Y después que hayan bebido
hombres y brutos, mi casa   1395
(que, aunque no soy dueño della,

tengo del dueño la gracia
para hospedar peregrinos)
te daré, mientras descansas,
decente albergue.

Eliazer   ¿Quién eres,   1400
sepa, deidad soberana?

Rebeca   Rebeca, de Nacor nieta,
que a esta ciudad nombre y fama
dio; y hija de Batuel, su hijo.

Eliazer   Vuelva a besar tus plantas,   1405
y ya con nueva razón.

Rebeca   ¿Cómo?

Eliazer   Como de la casa
de Abrahán, tu tío, criado
soy.

Rebeca   Pues ¿a qué es tu jornada?

Eliazer   A buscar a Isaac, su hijo,   1410
esposa de su prosapia,
su religión y su fe,
en quien no haya caído mancha
de bárbara idolatría.
Y a ser mi ventura tanta   1415
que tú me dieses licencia
(al concurrir en ti tantas
premisas como me dicta

en lo benigna, lo blanda,
sin el ruido de la voz,   1420
con el silencio del alma,
no sé qué lejana luz...)
quizá...

Rebeca (Yéndose.)   No prosigas. Basta:
yo no tengo voluntad.
Con mi padre, huésped, habla,   1425
que yo solo he de decir,
no como hija, como esclava,
siempre atenta a su obediencia,
que su voluntad se haga.

Eliazer   Oye, escucha.

Rebeca   ¿Qué me quieres?   1430
Di.

Eliazer   Que en fe de la esperanza
de esa tácita licencia
me des otra.

Rebeca   ¿Qué demandas?

(Saca unas cajas de joyas.)

Eliazer   Estas joyas que en el pecho
mi cuidado reservadas   1435
tray, por más preciosas que otras,
permitas darte, no en paga
sino en feudo, y feudo que

	quizá algún misterio guarda.	
Rebeca	¿Cómo?	
Eliazer	Como son, señora...	1440
Rebeca	Prosigue.	
Eliazer	...unas arracadas y unas ajorcas. Y siendo tú tan piadosa y tan franca, y ellas de manos y oídos prendas, es justo aceptarlas porque dejen en zarcillos y manillas adornadas las manos de la franqueza, los oídos de la gracia.	1445
Rebeca	Aunque nunca interesable fui, no sé qué afecto manda que las admita.	1450
Eliazer	Y en que hable a tu padre en la pasada plática, ¿qué dices?	
Rebeca	Digo lo que antes dije; que esclava soy más que hija en la obediencia: que su voluntad se haga. Él es de mi voluntad el señor; y así a su amor	1455

solo dirá mi humildad: 1460
esclava soy del Señor,
cúmplase su voluntad.

(Vase; y sale la Duda como oyendo a lo lejos.)

Músicos   Esclava soy del Señor,
                   cúmplase su voluntad.

Eliazer   Por lo menos ya la tuya   1465
                   tengo; y hago lo que mandas,
                   señor, pues elijo esposa
                   liberal, piadosa y blanda.
                   Dígalo, tras la piedad
                   del socorro y del favor,   1470
                   oír que dice su humildad:

Él y Músicos   Esclava soy del Señor,
                   cúmplase su voluntad.

Duda   ¿Esclava soy del Señor,
                   cúmplase su voluntad?   1475
                   ¿Qué resignación es ésta,
                   sobre ver que la agasaja,
                   y a toda su gente haciendo
                   que su sed se satisfaga,
                   bien como la tierra cuando   1480
                   bebe el rocío del alba?
                   A su casa le encamina,
                   con que es fuerza la doblada
                   hoja desdoblar agora,
                   y aún con más vehemente causa,   1485

como si el Lucero...

(Sale el Lucero.)

Lucero   ¿Qué
me quieres?

Duda   No te llamaba,
pero a buen tiempo has venido.

Lucero   No puedo sufrir mi rabia,
ya que el cielo aun en los visos   1490
de luz que por aquí anda
no quiere que asista, que
deje de buscarte. Saca
de confusiones mi pecho:
di qué has visto.

Duda   Mucho y nada: 1495
nada porque no lo entiendo;
y mucho porque me pasma.
Y pues nada y mucho era
lo que aquí contigo hablaba
ausente, presente escucha.   1500
¿Cómo, si te sobresalta
pensar que en Segundo Isaac
la salud del mundo nazca,
te afligen señas de esposa
y no madre?

Lucero   ¡Ay!, que no alcanzas   1505
que madre y esposa es

	la que me asombra y me espanta, magnificada en Rebeca.	
Duda	Madre y esposa, ¿contraria cosa no es?	
Lucero	No, Duda.	
Duda	¿Cómo?	1510

Lucero   Como... (¡qué angustia, qué ansia,
al prevenirlo me yela
y al pronunciarlo me abrasa!)
...como cuando la salud
venga al mundo temo que haya   1515
Virgen Madre y casta esposa
en un supuesto; pues clara
cosa es que, si se concibe
en purísimas entrañas,
celebre bodas con toda   1520
la naturaleza humana.
Conque de esposa y de madre
una y otra seña se hallan
en Rebeca, pues, «fecunda»,
concurren en ella entrambas;   1525
y más si Batuel acepta
en lo que ya Eliazer habla.

Duda   No lo dudes, pues alegre
en oyéndole le abraza,
participando no solo   1530
a su familia y su casa,

	pero a toda la ciudad	
	de Nacor y sus montañas,	
	de las bodas de Rebeca	
	la dicha, porque la aplaudan	1535
	festivos.	
Lucero	Y tan veloz	
	el tiempo por los dos pasa,	
	que procediendo en su curso	
	parece que se adelanta.	
Duda	No es eso solo, sino	1540
	que alegóricos fantasmas	
	ni tiempo ni lugar tienen.	
	Esto asentado, repara	
	que con joyas del esposo	
	(que son sus virtudes altas),	1545
	ya la esposa se enriquece...	
Duda	...ya apercibe la jornada...	
Lucero	...ya todos los moradores	
	deste valle la acompañan.	
Duda	Y por su ausencia y su empleo	1550

a un tiempo lloran y cantan.

Lucero   Ya a Mesopotamia dejan...

Duda   ...ya a tierra de Canán pasan.

Lucero   ¡Cuánto el tiempo se apresura!

Duda   ¡Cuánto para penas tarda!   1555

Lucero   Ya un criado, por ganar
las albricias, con las alas
del amor ligero vuela...

Duda   ...ya entra dentro de su casa...
ya Abrahán y Isaac, oyendo   1560
la esposa que Eliazer traiga,
el contento a recibirla
hace que al camino salgan.

(Dentro, grita y instrumentos.)

Duda   Ya a vista unos de otros, se

| | saludan en voces altas. | 1565 |

| Lucero | ¡Quién, por no oírlo, no oyera! |
| Duda | ¡Quién, por no verlo, cegara! |

(Salen, por otra parte, en tropa, zagales bailando; y detrás, Abrahán y Isaac; y por otra, zagalas; y detrás, Rebeca y Eliazer, cantando y bailando.)

Músicos Coro I	Sean para en uno...
Coro II	...para en uno sean...
Coro I	...el galán Isaac...	1570
Coro II	...y la hermosa Rebeca.
Todos	Sean para en uno, para en uno sean.
Teuca	Cúmplales el cielo que goce la tierra el dichoso fruto de su descendencia.	1575
Todos	Para en uno sean.
Habra	Y pues él es «risa», «fecundidad» ella,	1580

sus campos se vean.

Todos	Para en uno sean.

Celfa	Gozando felices	
	fecundos y alegres	
	de Dios las promesas,	1585
	siendo unas sus bodas	
	dos sentidos tengan.	

Todos	Para en uno sean.

Simplicio	Cuenten su familia	
	del Sol las estrellas;	1590
	ganados y mieses	
	del mar las arenas.	

Músicos y Todos	En ella explicada	
	la naturaleza,	
	y en él la concordia	1595
	de Cristo y la Iglesia.	
	Sean para en uno,	
	para en uno sean	
	el galán Isaac	
	y la hermosa Rebeca.	1600

Abrahán	Mil veces felice el día,	
	hija y sobrina, que el alma	
	vio tu perfección, en quien	
	las ideas se retratan	
	de algún cántico que diga	1605
	que antes del siglo criada	

fuiste a no dejar de ser.

Isaac
Y más feliz cuando añada
que del Líbano los cedros
y que de Cadés las palmas   1610
y cipreses de Sión
han de mirarte exaltada
entre las demás, bien como
la rosa entre esotras plantas
y el lirio entre las espinas.   1615

Rebeca
Más dichosa, más ufana
diré yo: feliz el día
que, obedeciéndote esclava,
llegué a coronarme reina
porque hallé en tus ojos gracia.   1620

Isaac
Toda es perfecta mi esposa.

Rebeca
Todo es mi amante gala.

Isaac
¡Qué felicidad!

Rebeca
　　　　　¡Qué dicha!

Duda
¡Qué veneno!

Lucero
　　　　　¡Qué rabia!

Abrahán
Eliazer, dame los brazos.   1625
Bien juramento y palabra

cumpliste.

Eliazer	El cielo, señor,	
	que favorece tu causa,	
	me dio la luz deste acierto.	
Simplicio	¿Y a mí no me dices nada?	1630
Abrahán	A ti y a todos, los brazos	
	doy. Venid donde os aguarda	
	el prevenido banquete	
	destas bodas.	
Duda	Si, mezclada	
	con todas, llega a su mesa	1635
	yo viciaré sus viandas.	
Lucero	Bien harás, Duda, porque	
	si tu veneno derramas,	
	principalmente en el plato	
	del cordero de su Pascua,	1640
	bien vengados quedaremos.	
Abrahán	Entrad todos, que mi casa	
	para todos está abierta	
	y a todos la mesa franca	
	sin excepción de personas.	1645
Simplicio	Aquesta es una palabra	
	que está gozando de Dios.	

Vaya de música.

Todos   Vaya.

Músicos   Sean para en uno,
para en uno sean   1650
el galán Isaac
y la hermosa Rebeca.

(Con esta repetición se entran cantando y bailando todos; y
al entrar tras ellos la Duda, se pone a la puerta Eliazer.)

Lucero   Pues yo no puedo, entra tú.

(Vase.)

Eliazer   ¿Dónde vas? Espera, aguarda.

Duda   ¿Por qué, si aqueste convite   1655
a nadie excepta, la entrada
me niegas?

Eliazer   Porque la Duda
no puede entrar en la casa
de Abrahán, que de creyentes
es padre; y la fe se ensalza   1660
en él, pues fe de Abrahán
se dice por alabanza;
y así qué hacer la Duda
no tiene.

Duda   Sí tiene. Aparta,

| | que Rebeca en mí cayó. | 1665 |

| Eliazer | Que fue a caer cosa es clara;
que cayó, no. |

| Duda | ¿De Nacor
no lo dice la montaña,
donde al brocal de su pozo,
como las demás, por agua | 1670 |
| | iba? |

Eliazer	Como las demás, por la humildad que la exalta, mas no por la servidumbre; dígalo el ser para tantas
	pozo de aguas muertas, pues	1675
	ninguna hizo della gracia, y para ella de aguas vivas, pues la hizo ella. Y si no basta que sea de aguas vivas pozo,
	vuelve a esta fuente la cara,	1680
	verás que la venidera Rebeca, que ésta señala, siendo pozo de aguas vivas, es también fuente sellada.

(Ábrese en un carro, que será un jardín, los bastidores, y se ve en medio una fuente y en ella una Niña, vestida de Concepción.)

| Duda | ¿Quién eres, hermosa niña, | 1685 |

en quien la Duda se pasma?

Niña
Soy la segunda Rebeca
pues, fecundamente intacta,
convendrá en mí lo «fecunda».
Y si ella en el pozo daba   1690
de beber al peregrino,
yo en aquesta fuente clara,
cuyos siete caños son
sacramentos de la gracia.

Duda
¿Qué importa, ¡ay de mí!, qué importa 1695
lo que me asustas y espantas
si en ti también sabré hacer
que haya duda en...

Eliazer
             Calla, calla.

Duda
...En... No puedo proseguir.
...En... Mi veneno me mata.   1700
Víbora soy de mí misma
pues me revienta la saña
de mi ponzoña. ¿Quién, cielos,
le quitó a la Duda el habla,
que ya en vano articular   1705
puede ni voz ni palabra?
Silencio han puesto a la Duda.
¡Lucero!

(Sale el Lucero.)

Lucero
          Pues si tú callas,

	hable yo. Cuando esa fuente	
	supla a aquel pozo la falta	1710
	dando en Rebeca alusión	
	a quien me postre a sus plantas,	
	por lo menos de Isaac	
	no me darás otra estampa.	

Eliazer	Sí daré. Vuelve los ojos;	1715
	verás en la misma estancia	
	del sacrificio de Isaac,	
	donde Calvario se llama	
	el Monte de la Visión,	
	el Segundo Isaac, cargada	1720

(Vuelve a abrirse el carro del sacrificio, y vese, donde estuvo Isaac, un Niño de Pasión, con la cruz a cuestas.)

	también la leña en el hombro.	

Niño	Esa fue, Duda, la causa	
	de llevar la leña al monte;	
	porque el que haz era en su espalda	
	veas que es cruz en la mía.	1725

Duda	Y ésa, la ciega ignorancia	
	en que yo prevariqué.	
	Y pues ya me desengañan	
	la figura y figurado,	
	bien puedo cobrar el habla	1730
	pasándome a ser certeza	

de ser Duda.

(Pasa al lado de Eliazer.)

Lucero	Aunque te hagas	
	certeza, presto a dudar	
	volverás, cuando ofuscada	
	mi imaginación pretenda	1735
	saber qué cordero haya	
	que supla por él.	

(Ábrese el tercer carro, y vense en él a Isaac y Rebeca a una
mesa en que habrá un cordero, que a su tiempo se esconde,
quedando en su lugar Hostia y Cáliz.)

Eliazer	El que	
	es hoy la legal vianda	
	de las mesas de su boda;	
	o escucha lo que les cantan.	1740
Músicos	Cordero sacrificado	
	vio en Primero Isaac el mundo;	
	y hoy en el Isaac Segundo	
	ve figura y figurado.	
Eliazer	Aquel cordero legal	1745
	que con lechugas amargas	
	(símbolo de penitencia)	
	en el fasé de su pascua	
	se comía (porque nadie	
	sin penitencia le alcanza)	1750
	es el que sostituyendo	

92

a Isaac en cuchillo y llama
dejó la divinidad
viva, muriendo en el ara
tan sola la humanidad.   1755

Lucero   Eso solo de Adán salva
la culpa, mas no que el hombre
(ya que de la común salga)
salga de la actual también.

Eliazer   Sí hace, que en sí incluye y guarda   1760
sacramento con que puede
restituirse a la gracia
con nuevos aumentos.

Lucero   ¿Qué
sacramento?

(Escóndese el cordero y vense Cáliz y Hostia.)

Isaac   Esta Hostia blanca
debajo de cuyo velo,   1765
convertida la substancia
de pan y de vino en carne
y sangre con vida y alma,
alma y vida, cuerpo y sangre
quedarán sacramentadas   1770
del Segundo Isaac; con que
llegó el tiempo en que se abra
aquel seno de Abrahán
donde los justos descansan,
dándole el nombre su fe,   1775

siendo su lóbrega estancia
depósito de creyentes;
y viendo que su esperanza
se va disponiendo en sombras,
escucha sus alabanzas.   1780

(Vuelve a abrirse el primer carro con Adán, Abel y David en
sus nichos; y Abrahán en el que estuvo el Ángel.)

Músicos   Cordero sacrificado
                 vio en Primero Isaac el mundo
                 y hoy en el Isaac Segundo
                 ve figura y figurado.

Abrahán   Felice yo, que este seno,   1785
                 con los que en él me acompañan,
                 veré iluminar el día

Adán   que el Sol de sus sombras nazca.

(Dando vuelta el carro, cada uno con sus versos.)

David   Felice yo, que llegué
                 a ver mi culpa borrada.   1790

Abel   Felice yo, que el primero
                 gocé en tal triunfo la palma.

David   Felice yo, que seré
                 tronco de la mejor rama.

Duda   Felice yo, que salí   1795

de una vez de dudas tantas.

Rebeca   Y felice yo, que esposa
                          del Primer Isaac, me aguarda
                          serlo del Segundo.

Los dos Niños   En mí
                          seguras tus esperanzas   1800
                          cumplidas las verás.

Eliazer   Yo
                          felice, que a dichas tantas
                          tercero fui.

Simplicio   Y yo felice,
                          si merezco a vuestras plantas
                          (pues es día que perdona   1805
                          culpas) que perdone faltas.
                          A cuyo efecto diré
                          con todos en voces altas:

Músicos y Todos   Cordero sacrificado
                          vio en primero Isaac el mundo;   1810
                          y hoy en el Isaac Segundo
                          ve figura y figurado.

(Con esta repetición se cierran las apariencias y da fin el auto.)

Libros a la carta

A la carta es un servicio especializado para
empresas,
librerías,
bibliotecas,
editoriales
y centros de enseñanza;
y permite confeccionar libros que, por su formato y concepción, sirven a los propósitos más específicos de estas instituciones.

Las empresas nos encargan ediciones personalizadas para marketing editorial o para regalos institucionales. Y los interesados solicitan, a título personal, ediciones antiguas, o no disponibles en el mercado; y las acompañan con notas y comentarios críticos.

Las ediciones tienen como apoyo un libro de estilo con todo tipo de referencias sobre los criterios de tratamiento tipográfico aplicados a nuestros libros que puede ser consultado en Linkgua-edición.com.

Linkgua edita por encargo diferentes versiones de una misma obra con distintos tratamientos ortotipográficos (actualizaciones de carácter divulgativo de un clásico, o versiones estrictamente fieles a la edición original de referencia).

Este servicio de ediciones a la carta le permitirá, si usted se dedica a la enseñanza, tener una forma de hacer pública su interpretación de un texto y, sobre una versión digitalizada «base», usted podrá introducir interpretaciones del texto fuente. Es un tópico que los profesores denuncien en clase los desmanes de una edición, o vayan comentando errores de interpretación de un texto y esta es una solución útil a esa necesidad del mundo académico.

Asimismo publicamos de manera sistemática, en un mismo catálogo, tesis doctorales y actas de congresos académicos, que son distribuidas a través de nuestra Web.

El servicio de «libros a la carta» funciona de dos formas.

1. Tenemos un fondo de libros digitalizados que usted puede personalizar en tiradas de al menos cinco ejemplares. Estas personalizaciones pueden ser de todo tipo: añadir notas de clase para uso de un grupo de estudiantes, introducir logos corporativos para uso con fines de marketing empresarial, etc. etc.

2. Buscamos libros descatalogados de otras editoriales y los reeditamos en tiradas cortas a petición de un cliente.

Printed in Poland
by Amazon Fulfillment
Poland Sp. z o.o., Wrocław
09 June 2026

dd075750-778a-45ab-858f-cdc08b293db4R01